PRODUTIVIDADE
na prática

Série Soft Skills Tools

LOUIS BURLAMAQUI

PRODUTIVIDADE
na prática

Um guia de bolso para fazer mais com menos esforço

MEROPE
editora

Copyright © Louis Burlamaqui, 2023
Copyright © Editora Merope, 2023

CAPA	Natalia Bae
PROJETO GRÁFICO E DIAGRAMAÇÃO	Natalia Bae
COPIDESQUE	Mônica Reis
REVISÃO	Tânia Rejane A. Gonçalves
COORDENAÇÃO EDITORIAL	Opus Editorial
DIREÇÃO EDITORIAL	Editora Merope

Todos os direitos reservados.
Proibida a reprodução, no todo ou em parte, através de quaisquer meios.

Dados Internacionais de Catalogação na Publicação (CIP)
(Câmara Brasileira do Livro, SP, Brasil)

Burlamaqui, Louis
  Produtividade na prática : um guia de bolso para fazer mais com menos esforço / Louis Burlamaqui. -- Belo Horizonte, MG : Editora Merope, 2023. -- (Série Soft Skills Tools)

  ISBN 978-85-69729-29-7

  1. Comportamento organizacional
  2. Cultura organizacional 3. Gestão de negócios
  4. Organizações - Administração 5. Performance
  6. Produtividade do trabalho I. Título II. Série.

23-177296   CDD-658.314

Índices para catálogo sistemático:
1. Produtividade : Administração de empresas 658.314
Aline Graziele Benitez - Bibliotecária - CRB-1/3129

MEROPE EDITORA
Rua dos Guajajaras, 880, sala 808
30180-106 – Belo Horizonte – MG – Brasil
Fone/Fax: [55 31] 3222-8165
www.editoramerope.com.br

Sumário

Introdução 7

1. Por que ser produtivo? 9
2. Como ser mais produtivo? 15
3. Modelo mental como base 20
4. Foco é tudo 27
5. O poder das metas 33
6. Métodos para se organizar 44
7. Como ter rituais produtivos 68
8. Senso de apropriação 83

À guisa de fechamento... 93

Introdução

Seja bem-vindo(a) ao mundo da aprendizagem! Sua decisão de ler este livro já demonstra que você busca aprimorar seu desempenho profissional, não é mesmo?

Desde a invenção da máquina a vapor, o conceito de *performance* passou a permear as relações de trabalho e a evolução das organizações. Não há entidade que não queira evoluir. A evolução é parte da história da humanidade. As instituições que não conseguiram evoluir desapareceram.

Neste livro, você vai entender a ideia de produtividade, pois tudo começa pela mente e pela maneira de ver o mundo. Se as pessoas não revirem a forma de pensar, não haverá produtividade. Não gerenciarão o tempo se não gerenciarem a mente.

Meu objetivo aqui é lhe mostrar as diversas formas de aperfeiçoamento que aprendi e ensinei a milhares de profissionais nas centenas de organizações em que prestei consultoria. O que trago nestas páginas mudou a vida de muita gente.

Recordo-me da vez em que o gerente de um importante laboratório farmacêutico me procurou para ajudá-lo a ser mais produtivo. Era um homem bastante disciplinado, o que ajudou muito no processo porque eu não precisava cobrá-lo toda hora. Ao longo de apenas três meses, esse profissional havia redesenhado toda a forma de trabalhar e encontrado melhor seu papel na empresa, deixando de fazer coisas que não eram relevantes. Terminado o processo, ele me procurou seis meses depois muito aflito, afirmando que sua vida ficou tão produtiva e organizada que ele tinha um excesso absurdo de tempo livre, o que lhe estaria causando depressão.

Ao analisar sua situação, nós dois percebemos que ele havia abandonado as atividades muito operacionais, que não eram suas, mas não havia se sentado em uma cadeira mais real e estratégica para o cargo. Por isso, definimos toda uma nova estrutura de rotinas e trabalho que fizesse jus ao seu papel. O nível de produtividade dele e do time foi tão alto que, alguns anos depois, ele se tornou diretor.

Neste livro, você encontrará tudo que ensinei a esse homem e muito mais. Espero que possa tomar decisões que transformem sua vida em algo grandioso e prazeroso.

Fazer mais com menos esforço não significa se superar sem esforço!

Louis Burlamaqui

1. Por que ser produtivo?

Seu tempo neste planeta está contado. Tudo tem um fim. Querendo ou não, o que você faz com seu tempo determina a qualidade dos seus resultados e de sua vida.

Tudo que você faz depende de energia. Você é uma usina de energia, e essa força o faz recompor-se ou estar em contínua deficiência. Você sabe que despende esforços em diversas frentes, como trabalho, família, relacionamento amoroso, diversão, amigos, aprendizados etc. Tudo isso demanda energia. Uma pessoa sem energia não tem disposição e não realiza.

Outro fator a ser compreendido é que tudo que você está fazendo envolve sua expectativa e a de outros sobre suas atitudes e atividades.

Se pudesse voltar no tempo, o que mudaria em sua vida? O que não repetiria? O que faria com mais atenção e afinco? Em que gastaria menos tempo, energia e sofrimento? Todas essas perguntas falam sobre uma coisa específica: como fazer as escolhas certas e tornar sua vida mais gratificante de ser vivida?

Para isso, você precisa pensar em como usar melhor o tempo e a energia de que dispõe. Portanto, atividades bem escolhidas, exploradas e realizadas fazem toda a diferença. E isso requer uma **"mente produtiva"**.

Assunto que está sempre em voga no mercado de trabalho, produtividade também abrange a esfera pessoal do indivíduo ao simbolizar o resultado de seu esforço traduzido em reconhecimento social e financeiro. Representa, ainda, a relação entre meios de produção, recursos utilizados e resultado final, fruto da capacidade de gerar bens e riqueza por meio do trabalho associada à técnica e ao capital empregado. Produtividade tem a ver com o tempo, o recurso empregado e o resultado esperado para as ações que nos propomos realizar.

Para começarmos a pensar em produtividade, é importante falar sobre o tempo.

Por que o tempo? Porque existe a morte. Se não morrêssemos, nossa noção de tempo seria completamente diferente. O fato de termos uma existência transitória e não sabermos quando ela se encerra, leva à seguinte pergunta: o que você faz com o recurso mais escasso de sua vida?

Existem muitas "mortes" ou encerramentos. O fim de uma etapa, de um ano, de uma tarefa, de um produto... Tudo que fazemos tem um tempo e é finito.

Se pararmos para pensar, viver plenamente é usar da melhor forma possível o tempo de que dispomos. Mas, infelizmente, não é isso que ocorre. Muitas pessoas desperdiçam seu precioso tempo fazendo coisas que não aprimoram a vida, não a tornam ótima.

Por isso, ser produtivo começa pela forma como você usa cada minuto de seu tempo.

Atividade

De 0 a 10, que nota você dá para o uso do seu tempo?

___

> **Você é uma usina de energia com tempo limitado.**

Por que ser produtivo no trabalho?

Quando um negócio é eficiente, com uma produção otimizada, dizemos que a empresa é produtiva, e os indicadores dessa característica estão relacionados com o processo de geração de produtos ou serviços, do qual pessoas fazem parte e são as verdadeiras responsáveis pelos resultados, positivos ou negativos. Por isso, esse capital intelectual é um dos maiores ativos de um negócio.

Por exemplo, você quer um determinado sanduíche e encontra o sabor preferido, feito em um tempo ideal e com custo aceitável.

SABOR + TEMPO + CUSTO

A tendência é que você saia com uma boa sensação do ambiente. Mas, para que um sanduíche fique pronto no tempo certo, há uma logística funcional que regula e evidencia o bom trabalho.

Vamos supor que seja um simples sanduíche de hambúrguer.

- Os ingredientes devem ser frescos.
- Necessidade de saber a hora de colocar o pão na chapa.
- Conhecimento do tempo exato da carne na chapa.
- O tempo correto de conservação do restante dos ingredientes.
- O tempo da montagem.

A combinação certa de tempo, seguindo um procedimento, dará o resultado esperado. Tudo começa a ficar complexo quando se tem vinte hambúrgueres e outros sanduíches sendo pedidos em um determinado período. Portanto, é preciso organizar todo o processo com qualidade e bom uso do tempo.

O aumento da produtividade está na relação entre quantidade produzida e quantidade de trabalho necessário para essa produção.

Para enxergarmos a produtividade como uma conta e calcular o seu índice, dividimos o total produzido pelo número de trabalhadores ou pela quantidade de horas trabalhadas. Esse nível também pode ser medido pelo EBITDA – Earnings Before, Interest, Taxes, Depreciation and Amortization, que, traduzido para o português, significa lucro antes de juros, impostos, depreciação e amortização. Esse índice calcula quanto recurso uma empresa gera por meio de suas atividades operacionais, sem contar impostos e resultados financeiros. Nenhuma empresa cresce ou prospera sem foco na produtividade.

Em uma empresa, a produtividade serve como ferramenta para se mensurar a performance organizacional. Uma organização que faz bom uso dos seus recursos atinge melhores índices e, consequentemente, tem grandes chances de conquistar um futuro próspero e promissor. Quanto maior for a relação entre a quantidade produzida pelos elementos do processo, maiores serão os resultados positivos de produtividade.

> **A produtividade é a constância de uma performance organizada.**

Nosso cotidiano é composto por vários agentes econômicos, como as pessoas, as empresas, o país, sendo que o grau de produtividade deles mede o nível de eficiência e eficácia. A organização que visa a ser produtiva maximiza sua capacidade de contribuir ainda mais com o mercado e com o desenvolvimento da sociedade em si.

Os fatores que podem influenciar a produtividade são a disponibilidade de recursos, a tecnologia, o ambiente de trabalho, as relações entre funcionários e líderes, o custo dos insumos, os métodos, os equipamentos e muito mais. E as ações de um indivíduo são produtivas quando se consegue produzir mais com menos, sem desequilíbrio, dando atenção especial aos acontecimentos que fazem parte da sua rotina. Se você acha que seu equilíbrio está sendo afetado por algo, avalie seus sentimentos, desejos e reações para descobrir o que está atrapalhando a sua produtividade.

Ser produtivo não é uma aptidão do ser humano, mas resultado do emprego de esforço certo nos pontos-chave e da utilização de meios apropriados para que os objetivos sejam alcançados.

Atividade

O que você faz pode ser melhorado em termos de qualidade, tempo e energia? SIM ou NÃO?

---

2. Como ser mais produtivo?

Todos nós temos habilidades, conhecimento e potencial. Toda a nossa produtividade vem da relação esforço *versus* capacidade.

ESFORÇO VERSUS CAPACIDADE

Há pessoas que, para chegar a bons resultados, esforçam-se ao extremo, a ponto de se sentirem esgotadas. Isso não significa ser uma pessoa produtiva, porque não é algo que se sustente a médio e longo prazos. Por outro lado, existem pessoas que usam só o mínimo da sua capacidade e já atingem excelentes resultados.

Mas a pergunta que fica é: e a maximização da capacidade?

Será que, com a intensificação do esforço, essa pessoa, que falhou, atingiria um patamar superior?

Equilibrar o esforço com a utilização da capacidade é a grande chave para alguém obter ações efetivas e produtivas.

Quando pensamos no mundo organizacional, nem sempre chegamos à máxima performance, mas é importante definir o mínimo aceitável porque muitos no mundo infelizmente se contentam com o mínimo.

Uma empresa estabelece metas e a maioria foca apenas essas metas. Não se busca por algo mais, exceto aquelas pessoas que têm o espírito elevado inclinado para sempre querer mais e melhor. Os profissionais que têm alto desempenho são dinâmicos e buscam se aprimorar constantemente para conseguir algo grandioso em suas carreiras.

Veja, a seguir, as diferentes características entre um profissional mínimo e máximo.

Quem busca o mínimo:
- quer o conforto da meta;
- satisfaz-se com a meta;
- chega no limite do prazo para produzir;
- espera cobrança e apoio.

Quem busca o máximo:
- estabelece metas pessoais maiores;
- está sempre insatisfeito, querendo mais;
- tem automotivação;
- cobra de si e regula seu avanço.

Atividade

A partir dessas informações, como você se vê? Como alguém que busca o máximo ou se contenta com o mínimo?

_____

_____

_____

_____

_____

Vamos checar nosso modelo de desenvolvimento produtivo:

Fluxo da produtividade

```
                              ┌── Apropriação
                  Organização ─┤
Modelo mental ────┤            └── Rituais
                  │
                  └── Foco ──── Meta
```

Na imagem apresentada, vemos um fluxo de desenvolvimento que ajuda uma pessoa a se tornar mais produtiva.

Todo fluxo começa com a maneira como ela pensa. O modo de pensar formula tudo o que uma pessoa faz, como reage e como decide em sua vida. Ter o modelo mental correto ajuda a colocar tudo nos eixos.

Em seguida, é fundamental que a pessoa aprenda a desenvolver o foco, isto é, que seja capaz de não dispensar energia à toa.

Na sequência do foco, é importante também que saiba colocar metas em tudo na vida, porque metas, medições, motivações e energia são catalisadores para a realização.

A outra vertente importante de desenvolvimento é a organização e o funcionamento do trabalho. A maneira como alguém se planeja e se organiza facilita o aparecimento de fluxos mais dinâmicos ou não.

Quando uma pessoa tem um sistema de organização próprio, é importante ela saber diferenciar os rituais que vão disciplinar a rotina do que realmente precisa ser feito, e usar os recursos de forma constante, sem perda de energia.

Por fim, o último ponto de desenvolvimento é a capacidade de alguém se apropriar de seu verdadeiro papel, tornando-se genuinamente uma pessoa produtiva.

Inúmeros fatores podem influenciar a produtividade – para o lado positivo ou negativo –, e tudo o que contribui para diminuir a perda de tempo resulta em aumento do potencial produtivo, como a adequação dos métodos, a redução da ineficiência, a análise do tempo, a movimentação de materiais e muitos outros aspectos.

Na sequência, vamos nos aprofundar nos itens do fluxo da produtividade.

Atividade

Dê uma nota de 0 a 10 para você em relação ao fluxo da sua produtividade:

- Modelo mental (minha mente é altamente voltada para mais com menos): _____
- Foco (tenho foco claro e consistente): _____
- Organização (minha organização pessoal me faz ser rápido e preciso): _____
- Meta (tenho o hábito de criar metas para tudo que é importante): _____
- Rituais (tenho rituais de produtividade): _____
- Apropriação (assumo minha vida sem desculpas): _____

3. Modelo mental como base

Todo processo de produtividade pode ser medido pelo fim. Ou seja: ao final, o que conta é o que você obteve, com quanto de energia e com quais recursos.

Mas como podemos compreender o que leva uma pessoa a ter um resultado final positivo ou deixar a desejar?

Tudo começa pela forma de pensar. Nossa maneira de ver o mundo e as coisas relacionadas a ele influenciam totalmente o modo como nos dedicamos aos objetivos, às atividades e às metas.

Apresento agora dois modelos mentais que afetam você em suas decisões e que demandam esforço e energia.

Eventos

Para atingir nosso objetivo, vamos entender o que é um evento.

Evento é uma ocorrência planejada ou organizada com um propósito específico e que se dá em tempo e espaço determinados.

Exemplos de eventos:
- Abrir um e-mail.
- Conversar com uma pessoa.
- Assistir a uma peça de teatro.
- Elaborar um projeto.
- Participar de uma reunião.
- Tomar um banho.
- Ler um livro.

Tudo aquilo que o indivíduo faz constitui um evento. Veja sempre cada atividade que você executa e que demanda energia e tempo como um evento.

Dois tipos de pensamento

Cada um de nós vive ou viveu uma formação – um tipo de influência familiar e dos meios sociais – que moldou nossas lentes sobre todos os eventos da vida.

Podemos traduzir essa forma de pensar em dois tipos de pensamento:

PENSAMENTO DE ESTICAR

VERSUS

PENSAMENTO DE ENCURTAR

▶ O que significa pensamento de esticar?

É comum as organizações agendarem reuniões com uma hora de duração e algumas dessas reuniões durarem o dobro do tempo. Quando isso ocorre, quem as conduz é o responsável pelo tempo esticado. Outro exemplo: muitas pessoas têm obrigações quanto à declaração de imposto de renda. Quantas esticam o tempo de entrega do IR a ponto de deixar para a última hora?

O pensamento de esticar tem relação com alongar o tempo com que uma atividade poderia ser feita.

Por questões culturais, muitas pessoas possuem o hábito de enrolar e estender o tempo. Esse fator é muito comum também quando elas precisam realizar atividades chatas ou não prazerosas, de forma que, consciente ou inconscientemente, vão esticando o tempo de feitura e término da tarefa.

O pensamento de esticar tem efeitos nocivos e perversos na natureza produtiva, pois, quando gastamos sessenta minutos a mais do que deveríamos gastar, esse tempo prejudica qualquer outra atividade que poderia ser feita. Portanto, o pensamento de esticar, vamos dizer, "mata" atividades futuras.

Esse modelo mental representa a origem do mau uso do tempo por parte das pessoas e afeta diretamente a produtividade delas.

Atividade

Quantas vezes este mês você teve pensamentos de esticar?

▶ O que significa pensamento de encurtar?

Algumas vezes, durante minha atuação no mundo corporativo, presenciei reuniões que deveriam durar sessenta minutos, mas que foram concluídas com êxito em quarenta minutos. Esses vinte minutos economizados foram então utilizados em outras atividades produtivas.

Imagine se você economizasse vinte minutos todo dia... Quantos minutos você teria ganhado ao final de um mês? Provavelmente, 420 minutos, que representariam 21 horas. Esse é o resultado/efeito quando as pessoas passam a realizar a mesma atividade com a mesma qualidade e em um menor tempo estimado.

O pensamento de encurtar envolve entender o tempo estimado que uma tarefa tomaria e a vontade de executá-la em menor tempo possível, sem perda da qualidade.

Muitas pessoas pensam dessa forma, ou seja, querem fazer mais em menos tempo. Esse tipo de mentalidade força as pessoas a se aperfeiçoarem, a aumentarem suas habilidades e conhecimentos para uma otimização contínua.

Atividade

Quantas vezes este mês você teve pensamentos de encurtar?

_____

O que leva as pessoas a encurtarem o tempo em determinadas atividades? Vamos ver alguns fatores sob o ponto de vista individual.

- Focar o que está realizando.
- Impedir interferências e interrupções.
- Sentir vontade de encerrar assuntos.
- Ter objetividade e clareza.
- Ser firme no propósito.
- Apresentar uma incansável energia para a realização.

No mundo, há os dois tipos de pessoas: as que têm o pensamento de esticar e as que têm o pensamento de encurtar.

Atividade

Com qual tipo de pensamento você mais se identifica?

_____

Entenda que, muitas vezes, todos nós temos os dois pensamentos, mas qual deles é mais frequente em sua vida?

_____

No dia a dia, a produtividade pode ser influenciada por diversos fatores, tanto positivos quanto negativos. Para que você e seus colegas sejam mais produtivos, acordos de convivência são uma opção válida e proveitosa para todos. Vocês então estabelecem limites de barulho, tempo de duração de reuniões que interrompam as tarefas, atenção dispensada a ligações telefônicas, tempo de resposta aos e-mails e todos os detalhes que podem agir a favor do trabalho e da produção mais otimizada em tempo, prazos e qualidade. Esse conjunto de fatores faz toda a diferença.

Portanto, o seu desafio daqui para a frente é conseguir incorporar o pensamento de encurtar nas atividades que envolvem produtividade. Sabemos que nem sempre é fácil porque o meio influencia e força a esticar, mas sua determinação poderá fazer toda a diferença na maioria das situações.

Atividade

Liste todas as suas atividades em que caiba o pensamento de encurtar.

1. _____
2. _____
3. _____
4. _____
5. _____
6. _____

Produtividade na prática

7. _____
8. _____
9. _____ ____
10. _____

4. Foco é tudo

Em um mundo repleto de distrações, reais e virtuais, ter foco é difícil, porém é possível e gratificante. Estar conectado o tempo todo pode deixar você cansado, dispersivo e sem concentração.

A riqueza de informações gera uma grande pobreza de atenção. E esse comportamento é muito preocupante quando o assunto é o aumento da produtividade, sendo que a nossa capacidade de concentração varia muito.

No entanto, uma pessoa focada tem total consciência de que seus atos podem transformar o mundo.

Foco tem a ver com a capacidade de direcionar a atenção, a energia e os recursos para uma tarefa, um objetivo ou uma atividade específica, evitando, assim, distrações e mantendo o indivíduo concentrado em uma única coisa.

Vamos ver agora os quatro estágios mentais segundo a psicologia clássica da Índia e como podemos explorar a mente de modo mais útil para uma produtividade eficiente.

Os quatro estágios da mente que influenciam o foco

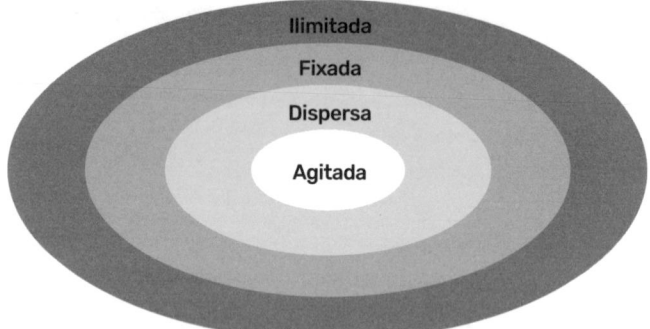

1. **Mente agitada** – Nesse estado, a mente está perturbada emocionalmente e não pode funcionar em sua plenitude. Quando estamos irritados ou magoados, temos dificuldade até mesmo de atender a uma chamada telefônica.
2. **Mente dispersa** – Nesse estado, a mente está fragmentada em diversas direções, como quando tentamos ler uma reportagem, tomar um café e discutir metas com alguém. Nesse estado, a mente perde eficiência.
3. **Mente fixada** – Nesse estado, a energia da mente está presa ou focada em apenas um ponto, objeto ou ideia. Quando gostamos de algo ou estamos profundamente envolvidos, tendemos a nos fixar de forma que nenhuma distração nos perturbe. Esse é o estado de concentração. Uma mente concentrada é muito mais eficiente do que uma dispersa ou agitada.

4. **Mente ilimitada** – Esse é um estado de transcendência em que a pessoa começa a ter uma compreensão intuitiva do mundo. Todos nós temos a experiência desse estado uma vez ou outra, quando problemas surgem e pipocam soluções perfeitas em nossa mente sem nenhuma explicação. Nesse estado, a mente está totalmente relaxada e a energia ilimitada do pensamento consciente tem acesso à ilimitada energia da pura consciência. Nossos pensamentos se tornam inexplicáveis.

Atividade

Marque com qual frequência de tempo (de 0 a 100%) você acredita que passa em cada um destes estágios da mente:

Mente agitada: _____

Mente dispersa: _____

Mente fixada: _____

Mente ilimitada: _____

Esses estágios não se classificam como certos ou errados, mas como condições em que podemos explorar a mente. A mente fixada é uma boa base para entrar em fluxo e encurtar atividades. Já a mente ilimitada pode ser útil com vistas a trazer a criatividade para alguma situação.

Um exercício poderoso que nos leva ao momento presente ocorre quando você foca sua respiração, deixando a mente tranquila e se concentrando no que é preciso. Para focarmos o ambiente, deveremos prestar atenção a tudo e a todos, desde que já tenhamos a atenção em nós mesmos bem definida; pensar em coisas boas e em soluções que podemos dar aos desafios que se apresentarem e fazer o bem sempre que pudermos.

Assim, passe a treinar sua mente para que ela fique atenta às atividades mais banais. Esse é um exercício que desenvolve o foco e faz toda a diferença para a sua capacidade de produzir.

Lembre-se sempre de que, para focar cada vez melhor, é preciso, de vez em quando, perder o foco por um tempo porque, durante a divagação, seu cérebro se ativa e os benefícios podem ser surpreendentes.

Ser produtivo é, além de realizar mais em um tempo suficiente, relacionar-se melhor com as pessoas que caminham juntas nesse trajeto rumo ao sucesso, seja na sua vida pessoal, seja na profissional.

Algumas coisas podem parecer inimigas da sua produtividade, como os excessos no ambiente de trabalho – redes sociais são as grandes vilãs da atualidade; por isso, estabeleça um tempo do dia para acompanhá-las e avise seus amigos de que, na maior parte do dia, você ficará off-line para poder se concentrar em assuntos mais importantes; alertas do smartphone, que piscam na tela sem parar ou apitam no celular do seu colega o dia inteiro, também são as piores companhias para um dia produtivo. Evite ficar com o celular na mesa e peça o mesmo a seus colegas de trabalho.

Outra chave para trazer a mente fixada e o foco é agrupar atividades que são afins e fazê-las simultaneamente.

Um gerente financeiro conseguiu um ganho de noventa minutos por dia quando reuniu todas as assinaturas de contratos, pagamentos e acertos em um só momento do dia. Ele determinou que, em certo horário, somente assuntos de assinatura seriam permitidos e reunidos naquele momento; caso contrário, deveriam ser trazidos outro dia. Isso mudou sua vida.

Recomendo que você analise e passe a agrupar atividades que requerem o mesmo padrão mental de esforço. Com isso, irá ganhar muito tempo.

Atividade

Liste atividades que são afins.

_____

_____

_____

_____

_____

Determine qual é o melhor momento para fazê-las.

---

5. O poder das metas

O que seria de um jogo de futebol sem as traves que delimitam o gol? O mesmo ocorre com tudo na vida.

Certamente, podemos ver empresas crescendo e profissionais produzindo sem terem estabelecido metas. Isso é possível. No entanto, não há como medir a evolução de uma empresa, e saber se ela está indo bem ou não, sem um objetivo definido, assim como não é possível utilizar o máximo potencial dos funcionários de uma organização empresarial se não houver um ponto de encontro. Da mesma forma que uma lupa parada refletindo o Sol em uma folha irá queimá-la, uma meta é capaz de centrar esforços e ativar pessoas para darem o seu melhor. As metas existem em diversas esferas. Ter metas é um estilo de vida. Por exemplo:

João Lúcio é um gerente de TI. Ele tinha metas de se casar e formar uma família. Ao formar a família, sempre planejava as férias de cada ano, tinha meta para emagrecer e manter sua saúde. Fazia corridas com objetivos anuais. Em sua profissão, João tinha metas mensais de projetos entregues e geração de valor. Tinha metas financeiras com pensamento a longo prazo, entre muitas outras que ele estabelecia todos os anos.

Por isso, grave:

> **A produtividade é a constância de uma performance organizada.**

Muitas pessoas não gostam de metas porque elas revelam incompetências, isso é fato. Assim, muitos não gostam de ser questionados em sua forma de trabalhar.

No entanto, é importante compreender que toda e qualquer organização, seja ela pública, seja privada, com fins ou sem fins lucrativos, precisa entregar resultados. Toda organização deve ser analisada em sua última linha. Afinal, tudo, em última instância, consiste em números. Portanto, querendo ou não, gostando ou não, os esforços coletivos se transformam em números. Se toda empresa precisa de números para analisar, regular e decidir o seu rumo, por que as pessoas não deveriam ter metas?

Atividade

Você gosta de estabelecer metas?

_____

Todo trabalho pode e deve ser medido por meio de um indicador.

O que é um indicador?

É uma medida de esforço *versus* entrega. Ele se dá por meio de uma fórmula. Por exemplo:

Em vendas, é comum medir o esforço pela taxa de conversão. A taxa de conversão é o número de contatos feitos versus o número de negócios fechados. Se uma vendedora tem taxa de conversão de 40%, isso significa que, para cada dez pessoas que atende, ela fecha negócio com quatro.

O que é uma meta?

Meta é quando você atribui valor a um indicador. Por exemplo:

Se uma vendedora tem taxa de conversão de 40%, isso significa que, para cada dez pessoas que atende, ela fecha negócio com quatro. E sua meta é elevar o número de negócios fechados para cinco.

Atividade

Por isso, peço a você que escreva abaixo qual ou quais são os indicadores que melhor medem o seu cargo.

_____

_____

_____

_____

_____

▶ Como estabelecer uma meta

Muitas pessoas falham com suas metas por duas razões: a primeira é a falta de alinhamento emocional e a segunda é o desalinhamento racional. Vejamos como usar esses dois alinhamentos.

Há quatro perguntas muito importantes que você deve se fazer para descobrir quanto realmente deseja atingir sua meta. É sabido que, quando as pessoas querem muito algo, a chance de alcançar é grande, mas o problema é que elas assumem metas sem um comprometimento emocional. Em diversos programas de treinamento que oferecemos, fazemos as seguintes perguntas para orientar cada pessoa quanto ao seu mais profundo desejo. Vamos a elas.

Método **ANDA** para análise de alinhamento emocional:
1. **A**utenticidade – Essa meta é sua? Trata-se de um desejo seu? Realmente é isso que precisa fazer?
2. **N**ecessidade – Quanto não realizar a meta irá prejudicá-lo?
3. **D**esafiante – Essa meta o provoca a ponto de querer resolver algo?
4. **A**nimador – Quanto essa meta o deixa animado de verdade?

Costumo fazer essas perguntas e peço agora que você escale, de 0 a 10, quanto se sente confortável sobre cada pergunta em relação à meta.

Não significa que você precise responder a todas com 10. Já ouvi muitas pessoas dizendo que a meta que ela deveria alcançar na empresa não tinha autenticidade, não a desafiava nem a animava, mas não realizar a meta poderia representar o fechamento de seu contrato de trabalho; portanto, a necessidade era alta. O que ocorre nesses casos é que a pessoa passa a ter consciência de que apenas um vetor de comprometimento emocional está sustentando o alinhamento dela em relação à meta. Se conseguir desenvolver honestamente os outros tópicos, ela poderá criar um poderoso engajamento que fará com que o seu esforço não seja tão pesado.

Por isso, faça as quatro perguntas:
1. Quanto é autêntico?
2. Quanto é necessário?

3. Quanto é desafiador?
4. Quanto é animador?

Atividade

Escreva sua meta atual.

_____

_____

_____

_____

_____

Analise-a sob a perspectiva das quatro perguntas de 0 a 10:

1. É autêntica? _____

2. É necessária? _____

3. É desafiadora? _____

4. É animadora? _____

Da mesma forma que há o comprometimento emocional, também há necessidade do alinhamento racional da meta.

▶ O que significa alinhamento racional da meta?

Significa ter uma meta muito bem traçada e bem escrita.

Muitas pessoas confundem objetivos com metas. Objetivo é aonde você quer chegar; meta é uma informação de valor para você metrificar. Vamos trazer aqui os cinco elementos que toda meta deve ter.

▶ O método VALER[1] para análise racional de uma meta

Verificável
Atingível
Limite do tempo
Específica
Relevante

O primeiro passo é saber se você pode conferir e checar se algo foi ou está sendo feito e será atingido. Por exemplo, uma vendedora entregando pedidos.

Outro ponto crucial: não trace metas que não sejam possíveis de ser atingidas. É frustrante alguém perceber logo de cara que uma meta é impossível de ser alcançada. Isso não significa que você só irá estipular metas fáceis, pois o sentido de uma meta é a evolução por um empenho a mais.

---

1. Vide o livro *Liderança fluida*: construindo ambientes onde vale a pena viver e produzir em alta performance, de Louis Burlamaqui (Belo Horizonte: Merope, 2020).

Em seguida, é importante checar se essa meta tem prazo, tempo e data de finalização. Sem isso, fica difícil. Por exemplo, quando alguém diz: "Eu quero ler cinco livros". Ok, mas em quanto tempo? Um mês, um semestre, um ano? A resposta será fundamental para analisarmos se essa meta vale a pena.

Outro ponto importante está em especificar bem a meta, o que significa abolir termos genéricos, como excelência, eficiência etc. Um mau exemplo seria querer, ao final do semestre, ter uma produção excelente. O que isso quer dizer? Como medir e avaliar o que é excelência? Se, ao final, dissermos que queremos ter a produção com zero sobra fica mais fácil de conferir e checar o resultado.

E, por último, e não menos importante, é a relevância. Quanto a meta realmente fará diferença. Não adianta estabelecer uma meta atingível se ela não for relevante para a pessoa, para uma área ou uma empresa.

Vamos ver alguns exemplos de metas estabelecidas pelo método VALER.

- Crescer em 18% o *market share* dos nossos tomates em todos os pontos de venda na região dos Jardins e em Perdizes, São Paulo, até o fim do ano.
- Diminuir o giro de estoque de bobinas para quinze dias até 30 de junho deste ano.
- Introduzir nossa nova bebida em 70% dos canais atuais de vendas, gerando 3% de crescimento até o final do ano.

E eu sempre digo: é melhor medir alguma coisa do que não medir nada. Metas são fundamentais para você se autoavaliar. Normalmente, não recomendo mais do que oito metas, e particularmente gosto muito de permanecer em cinco, mas saiba que, se quiser encontrar medidores, seu campo é infinito e, ao mesmo tempo, prejudicial, pois, quanto mais controle quiser, mais distração terá. Focar os números certos é essencial.

Atividade

Registre aqui uma meta.

___

Analise-a pelo método VALER:
É verificável?
É atingível?
Tem limite do tempo?
É específica?
É relevante?

E quando as metas não são atingidas?

Contingência é uma eventualidade, um acaso ou acontecimento que tem como fundamento a incerteza: irá acontecer ou não? Ou seja: é tudo aquilo que é duvidoso, porém precisa ser considerado na sua produtividade para que não se torne um empecilho, e sim um grande aprendizado e um degrau para que você se torne bem-sucedido. A sua capacidade de ser uma pessoa produtiva será maior à medida que você se mostrar satisfeito e realizado, mas, se algo imprevisível acontecer, você precisará estar preparado para enfrentar o problema e saber qual a melhor decisão a tomar.

Traçar um plano de contingência é prever o que pode acontecer futuramente, pensando que é preciso reservar um tempo caso isso ocorra para que não atrapalhe seu planejamento, funcionando como uma espécie de risco programado que contempla períodos específicos de trabalho. As contingências protegem os resultados considerando os eventos conhecidos ou desconhecidos, os quais podem afetar seu desenvolvimento, mas que não serão prejudiciais se você os considerar bem antes de eles se tornarem reais.

A pergunta-chave antes de se decidir por uma meta é a seguinte: o que pode me impedir de atingi-la?

Liste e se prepare para o que deve fazer quando algum impedimento surgir.

Atividade

Trace uma meta.

_____

_____

_____

Liste tudo que pode impedir ou atrapalhar você no cumprimento dessa meta.

1. _____
2. _____
3. _____
4. _____
5. _____
6. _____
7. _____

6. Métodos para se organizar

Vamos começar pela definição da palavra organização? Originada do grego *organon*, organização é a forma como o indivíduo dispõe um sistema para chegar aos resultados pretendidos, ou seja, é o ato de pôr tudo em ordem.

E esse significado vai um pouco além: o sentido de organização se baseia na forma como as pessoas se relacionam umas com as outras e com a própria vida, normalmente com um objetivo a ser alcançado, a partir de sistemas que tornam as coisas mais fáceis exatamente por estarem organizadas.

A organização engloba todos os segmentos da sua vida, seja em casa, seja em suas atividades, seus estudos, seu lazer, em seus relacionamentos, em sua vida digital e, principalmente, em seu trabalho. Afinal, quando as coisas não estão organizadas, tudo pode ultrapassar o limite e sair do controle.

Manter tudo em ordem, cada coisa em seu devido lugar, é o que uma pessoa organizada faz, sabendo precisamente onde tudo em sua vida está ou se encaixa.

Pare um minuto e questione-se: ser organizado é uma característica sua, reconhecida até mesmo pelas pessoas que convivem com você?

Se rapidamente a resposta que veio à sua mente foi "sim", trata-se de um sinal importante de que você se reconhece como um indivíduo que segue sistemas pessoais para manter sua vida em ordem.

Agora, se ficou em dúvida para se definir como tal, é hora de rever um pouco sua rotina e seus hábitos em casa e no trabalho, e até mesmo a maneira como você se relaciona com os seus e com o mundo.

A origem recente do conceito de organização

O conceito de organização ganhou destaque em meados de 1914, quando Henry Ford, empresário norte-americano e proprietário da Ford Motor Company, criou o *fordismo*, conhecido sistema de trabalho organizado que, por meio de funções bem distribuídas entre os funcionários, mantinha uma organização dentro da empresa e alavancava resultados positivos em consequência da produção sistematizada na linha de montagem.

A partir desse sucesso, várias empresas adotaram esse sistema, que se desenvolveu em larga escala durante o século 20, sendo ele responsável pelo advento da produção em massa de diversas mercadorias.

Voltando ao conceito de organização com foco na vida pessoal, nos dias atuais, em que somos bombardeados por informações, imagens, arquivos eletrônicos e acontecimentos por todos os lados, é fundamental que a pessoa seja organizada para saber lidar com tudo isso, filtrando e sistematizando, mental e fisicamente, todo o conteúdo que o mundo oferece. Sem o mínimo de organização, a vida pessoal fica confusa, o trabalho não rende e as coisas não fluem como deveriam.

Você consegue perceber como a organização é a chave para seus resultados positivos em todos os segmentos da sua vida, e essencial para atingir o sucesso? Então, vamos nos aprofundar um pouco mais nesse assunto.

É difícil se organizar?

Essa é uma pergunta importante quando falamos em organização. E a resposta é *não*, se você tiver força de vontade e dedicação, é claro. Na verdade, o processo para se tornar organizado está, em suma, na capacidade de dedicar um tempo para investir em si, e sem gastar dinheiro algum. Porém, é imprescindível superar algumas barreiras que possam impedi-lo de atingir a produtividade que você tanto busca. Procure, então, seguir o que importa.

▶ Tenha muita vontade de se organizar

A primeira coisa que você pode fazer é se esforçar para superar a crença de que precisa de muitos recursos externos para ser organizado. Esses recursos existem sim e estão aí para auxiliá-lo, mas o principal fator para ser mais produtivo é acreditar em si, porque é exatamente a partir dessa certeza que todas as outras coisas irão fluir.

Nossas reais motivações são o motor para a nossa realização, ou seja, para atingir os resultados desejados, e a verdadeira mudança precisa começar em você, na sua forma de pensar, agir e se organizar. As ferramentas externas só entram no processo depois que essa primeira e importante etapa estiver bem definida.

▶ Separe quinze minutos por dia para analisar o próprio dia

Antes de baixar aplicativos ou comprar um computador mais potente, mantenha o foco em você e responda à pergunta: qual foi a última vez que você parou e fez uma reflexão sobre o seu dia de trabalho?

Muitas pessoas subestimam a importância de refletir diariamente sobre o próprio trabalho por acharem que estão perdendo tempo. E o que acontece, comprovadamente por pesquisas, é o contrário. Quem reserva quinze minutos para analisar seus afazeres tem desempenho muito maior do que quem não para de trabalhar. Além disso, essas pessoas conseguem construir uma melhor confiança no que fazem e melhoram a performance.

▶ Alivie a mente

Outra atitude fundamental para se organizar é pôr no papel (ou em alguma plataforma digital) o máximo de informações possíveis para que elas saiam da sua memória de curto prazo, aliviando seu cérebro.

O pesquisador Nelson Cowan concluiu, em sua pesquisa realizada em 2001, que nossa memória de curto prazo, classificada de acordo com nossa capacidade temporal de armazenamento de informações, consegue reter apenas quatro informações, tendo que abrir mão de um dado antigo quando precisa de espaço para guardar um novo.

Nos primórdios da civilização, o ser humano desenvolveu a capacidade de transmitir conhecimentos a seus semelhantes e informar o que acontecia, inicialmente através de gestos e sons. Com a evolução, a humanidade percebeu que não podia confiar somente na memória e, por volta de 3100 a.C., inventou-se a escrita, principal instrumento para a transmissão do saber.

E é essa escrita que está entre nós desde então, e foi transformada em uma ferramenta que nos permite esvaziar nosso cérebro de algumas informações para que outras sejam adicionadas diariamente, gerando a ampliação do nosso banco de dados.

Em resumo: escrever é colocar no papel tudo o que diz respeito à sua rotina. E esse é o primeiro grande passo para tornar uma pessoa organizada. Fazer isso não é difícil, é simplesmente uma questão de hábito.

▶ Escreva o que pretende fazer e confira se fez

Faça uma lista das cinco coisas imprescindíveis de serem feitas no dia de hoje.

1. _____

2. _____

3. _____

4. _____

5. _____

Comece sempre de forma simples. Conclua as cinco coisas todo dia. Isso lhe trará organização mental.

▶ Menos é mais

Ferramenta praticamente indispensável no mundo moderno, a internet pode muitas vezes se transformar em um empecilho para sua organização e, consequentemente, para sua produtividade. Por ser um chamado à distração, as redes sociais, os aplicativos de mensagens instantâneas e o mundo de informações que a internet traz têm seu lado positivo e negativo. Assim, pode ter certeza de que só depende de você se organizar para não deixar que isso o atrapalhe e passe, de verdade, a ser um instrumento de ajuda no seu processo.

Se você não organiza seu tempo e o gasta com tarefas ou cliques desnecessários, acaba evitando ser produtivo e alcançar os resultados esperados. Se utilizarmos o princípio de Pareto para analisar essa situação, veremos que o não aproveitamento do tempo de forma correta tem por base o próprio empenho. De acordo com tal princípio, 80% dos seus resultados estão relacionados com 20% do seu esforço.

Isso significa que a menor parcela de suas ações é a responsável por seus resultados mais efetivos. E só confirma a necessidade de organização de seus objetivos e suas metas para que você consiga identificar o que realmente precisa ser feito no tempo de que dispõe. Esse princípio pode ser aplicado na sua vida pessoal, familiar e, principalmente, no seu ambiente corporativo, e assim você conseguirá se concentrar nas ações mais assertivas.

Atividade

Liste abaixo quais são os 20% de suas atividades que garantem 80% do seu resultado.

_____

_____

_____

_____

_____

Tudo começa com a organização pessoal

Para ter sua vida em ordem, comece por você. O ponto de partida pode ser um planejamento pessoal, em que você vai listar um ou mais objetivos e tudo o que precisa fazer para alcançá-los. E a palavra de ordem é ação. Não basta somente listar; levante-se e comece a fazer acontecer.

▶ Comece pelo centro da sua vida

Inicie sempre pelo seu quarto e pela sua cama. Mantenha-os organizados. Isso não significa que você precise pôr a mão na massa, mas, sim, garantir que essa organização exista. Não abra mão de ter armários e gavetas com tudo organizado. Uma vez organizado, mantenha sempre assim.

É importante também definir prazos para que você se programe sobre o que precisa ser feito e quando.

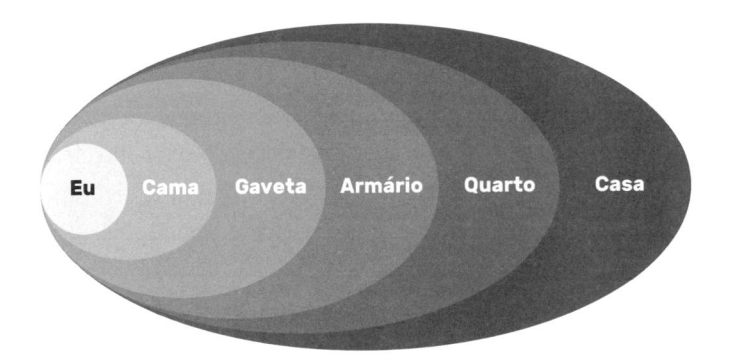

Eu — Cama — Gaveta — Armário — Quarto — Casa

Atividade

A partir de que dia você terá a cama e o quarto arrumados para sempre?

_____

A partir de que dia você terá armários e gavetas arrumados para sempre?

_____

Um alerta: é natural que algumas pessoas tenham momentos de criatividade e fluxo intenso, em que as coisas fiquem mais soltas ou desarrumadas, mas não permita que vire regra e você se acostume com isso.

Organização financeira

O planejamento financeiro é crucial para que as contas, além de muito bem organizadas, não saiam do seu controle.

A organização financeira é um fator mental crítico que ensina você a ter controle sobre gastos e também clareza sobre o fruto do seu trabalho.

Existem três ações que você pode fazer para controlar tudo à sua volta.

1. Realizar um balanço mensal – Esse balanço significa saber quanto você ganhou, quanto gastou e quanto sobrou. Anote tudo, pois *tem que sobrar*, senão seu estilo de vida está errado.
2. Ter um plano de investimento a médio e longo prazos – Quando devo começar a poupar para alguma emergência? Quanto terei disponível no futuro?

3. Contabilizar sua renda passiva – Tenha consciência de quanto ganha e de quanto pode gastar. O controle financeiro é o que determina a saúde de seus recursos.

E, por falar em controle, que tal ter sempre à mão suas tarefas diárias e mensais? Sim, tudo anotado em uma agenda, seja ela tradicional, seja virtual. Isso é essencial para manter sua rotina organizada.

Nessa agenda, revisite compromissos, viagens, consultas médicas etc., sem se esquecer de separar um tempo para as atividades físicas e o lazer. Não se esqueça também de reservar um dia ou horário na semana para gerenciar sua própria organização pessoal, assim você não se perde dentro do próprio esquema que criou.

Cuidar de si significa você se preocupar com todos os detalhes, principalmente com sua saúde e com outro item muito importante: seu sono. Uma noite maldormida pode estragar todo o seu dia, desorganizando sua agenda e seu sistema biológico.

Conseguir esvaziar a mente e relaxar é o grande trunfo de uma pessoa organizada.

Atividade

O que você pretende fazer para organizar a sua vida?

_____

_____

_____

_____

_____

A força do planejamento

O planejamento é um dos pontos mais importantes quando o objetivo é produzir melhor. Traçar o caminho a seguir é fundamental para se chegar ao sucesso. Comece pelo fim: o que quero atingir ao final? Qual é o resultado que almejo?

Planejar é, além de listar o que precisa ser feito, estabelecer como deve ser e o tempo que deve ser gasto, de forma organizada e sistematizada, com espaços que contemplem o monitoramento das tarefas para que o processo produtivo possa ser acompanhado e os resultados também. Nele, você pode prever as ferramentas de trabalho, os problemas a serem enfrentados, o cenário externo, os prazos de entrega, as pessoas que o ajudarão e os resultados para a otimização das atividades e para o favorecimento da proatividade, do compromisso e da dedicação.

Ao planejar, você para de perder tempo com coisas desnecessárias, para de adiar uma meta após a outra, não vai mais desistir de nenhum objetivo, pois não tem dúvidas da importância de cada um deles e, principalmente, você para de arrumar desculpas com o propósito de justificar sua falta de produtividade. O seu segredo será tornar o tempo seu fiel aliado, definindo em que ele será investido e em como você pode controlá-lo para se beneficiar dele o máximo possível.

Com um planejamento bem elaborado e detalhado, você cria vantagens competitivas para se destacar no que quer que seja, sabendo exatamente o que deseja e aonde vai chegar, sem se esquecer de, em primeiro lugar, inserir no seu planejamento atividades que colaborem com a sua qualidade de vida.

Comece sempre com objetivos, coloque metas, estabeleça ações, prazos e checagem.

- Objetivos
- Metas
- Ações
- Prazos
- Checagem

Produtividade na prática

Atividade

Monte seu plano.

Objetivo: _____

Meta: _____

Ações:

1. _____ Prazo: ____/____/____

2. _____ Prazo: ____/____/____

3. _____ Prazo: ____/____/____

4. _____ Prazo: ____/____/____

5. _____ Prazo: ____/____/____

Checagem:

1ª ____/____/____

2ª ____/____/____

Outro método para se organizar: o 5S

O programa 5S nasceu no Japão, em 1950, quando o professor Kaoru Ishikawa e sua equipe encontraram um método para eliminar desperdícios, visando otimizar os poucos recursos em um país destruído pela guerra.

Sendo, desde então, uma grande inspiração para quem quer se organizar, a tecnologia japonesa se originou de cinco palavras:

Seiri (Utilização)
Seiton (Ordenação)
Seiso (Limpeza)
Seiketsu (Higiene)
Shitsuke (Autodisciplina)

O programa 5S pode ser aplicado com sucesso na sua vida pessoal e profissional.

▶ 5S no ambiente de trabalho

As premissas básicas desse método são: manter tudo limpo, sem poluição visual, separando somente o que é necessário, de modo a conseguir, dessa forma, deixar tudo organizado e harmonioso. No seu trabalho, por exemplo, você pode aplicar os cinco conceitos para construir um ambiente favorável à produtividade.

Seiri (Utilização): deixe em sua mesa somente o que é necessário para o seu dia de trabalho; o que não está sendo usado deve ser guardado ou descartado. Pode parecer bobagem, mas isso é fundamental para que você não tenha obstáculos nem distrações impedindo sua produtividade, além do ganho de espaço e facilidade de limpeza e manutenção.

Seiton (Ordenação): significa ter um espaço organizado, tanto físico quanto virtual, criando arquivos de documentos, quadros de ferramentas, fluxos de informações e pondo em ordem tudo aquilo que pode facilitar sua rotina dentro da empresa, construindo um design inteligente de posicionamento. Se, no momento, puder responder a um e-mail, faça isso e esvazie sua caixa de entrada; termine os assuntos que começou, evite ter vários papéis de rascunhos acumulados e descarte o que deve ser descartado.

Seiso (Limpeza): manter o ambiente limpo é uma necessidade básica para qualquer lugar em que você esteja e, mesmo que exista em seu escritório uma equipe designada para essa função, você pode manter o lixo sempre recolhido e reservar uns minutos no final do dia para limpar a própria mesa. Indo além, significa também manter a limpeza nas relações humanas dentro do ambiente empresarial, com transparência, honestidade e espírito de equipe.

Seiketsu (Higiene): este é o senso de saúde e alerta sobre a importância de fazer com que todos os outros sejam um hábito, favorecendo sua saúde física, mental, emocional e ambiental.

Shitsuke (Autodisciplina): esta etapa do método consiste em a pessoa educar-se para manter a ordem e todos os outros métodos em funcionamento no seu ambiente de trabalho, como se a organização se tornasse um padrão para tudo, levando o indivíduo a desfrutar de uma vida tranquila, agradável e produtiva.

Compreendendo os estilos: pessoas organizadas e desorganizadas

Existem duas categorias de pessoas: as organizadas e as desorganizadas. E cabe somente a você definir em qual delas deseja estar. Quando você se define e assume seu estilo pessoal, é bem mais fácil começar a se organizar ou otimizar sua organização.

De acordo com o livro *Organize-se*, das especialistas no tema Sunny Schlenger e Roberta Roesch, desde as últimas décadas, as pessoas precisam se adaptar com muita rapidez à evolução acelerada do mundo moderno, e esse processo gera uma necessidade inerente de intensificação das relações humanas e diversificação das atividades e habilidades que priorizam o bem-estar, o conforto, a funcionalidade e o que engloba tudo isso: a qualidade de vida.

Um dos males da contemporaneidade é exatamente o que nos faz evoluir: a pressa. O mundo, em constante transformação, exige muito de nós, então passamos a acreditar que ou a pessoa nasce organizada ou não há solução e tempo hábil para essa mudança ocorrer.

E essa ideia carrega um grande engano:

> **Você não precisa passar a vida sendo uma pessoa desorganizada.**

Quando você consegue estabelecer um equilíbrio saudável entre sua rotina e seu método pessoal de organização, passa a ter a capacidade criativa de definir o que deve ser feito, os prazos e atitudes necessários para atingir seus objetivos, com disciplina, prazer e dedicação.

Uma pesquisa, realizada pela Universidade da Califórnia, em Riverside, nos Estados Unidos, constatou que pessoas organizadas e disciplinadas tendem a viver quatro anos mais do que as desorganizadas e impulsivas. Chegou-se a esse resultado porque os traços da personalidade de cada pessoa são tão importantes quanto os fatores médicos e sociais para sua saúde. Foram analisadas as características de organização, autocontrole e diligência, e os resultados ligaram todos eles à longevidade.

Personalidades sob a perspectiva da organização pessoal

Você não precisa deixar de ser quem é para ser organizado; basta conseguir administrar suas atividades e pendências, ajustando assim seu tempo e seu espaço. Baseando-se nessa definição, é possível seguir o caminho da organização ou caminhar na direção contrária.

Existem diversos tipos de pessoas que podem ser classificadas em várias categorias, como as especificadas a seguir.
- Perfeccionista – Nunca encontra tempo para fazer as coisas de maneira tão perfeita como deveriam ser feitas.
- Saltadora – Pula de tarefa em tarefa, sem terminar nenhuma. Não tem foco.
- Proteladora – Espera até o último minuto para começar qualquer tarefa.
- Improvisadora – Não se preocupa com métodos de organização, improvisa e responde às urgências como dá.
- Acumuladora – Detesta jogar fora os objetos, documentos e arquivos porque acha que pode precisar deles algum dia.
- Organizada – Documenta e arquiva tudo que é importante.
- Delegadora – Gosta de ter tudo organizado, mas pelos outros.

Com quais desses tipos você mais se identifica hoje?

Como não ser uma pessoa desorganizada

A escolha é sua:
- Investir em si mesmo e na organização da própria vida.
- Encaixar-se em alguma das categorias citadas anteriormente.

Para a pessoa realmente se organizar e transformar a sua vida em casa, no trabalho ou em qualquer lugar do mundo, é preciso focar e se apropriar das dicas listadas a seguir. Afinal, ser organizado pode lhe render mais quatro anos de vida, mais profissionalismo e muito mais produtividade.

Planejar-se: se você conseguir planejar o seu dia na noite anterior, já vai acordar com a primeira tarefa realizada. Você se lembra da importância de ter uma agenda? Comece pensando em tudo aquilo que precisa ser resolvido, e isso ajudará a definir até a roupa que vai usar e deixará o dia todo reservado para a ação, pois as tarefas estarão devidamente listadas.

Definir prioridades: mesmo com um planejamento bem-feito, muitos impasses podem surgir durante o dia, e talvez você não tenha tempo hábil para realizar tudo o que programou. Por isso, é essencial enumerar as atividades de acordo com a ordem de importância. Comece, então, com o que não pode deixar de ser feito e vá até o que pode ser adiado. Foque sempre o essencial.

Cronometrar o tempo: tenha noção de quanto tempo você vai precisar para atender à sua agenda, considerando o tempo de deslocamento entre um compromisso e outro, além de definir horários para o início e o término de cada ação.

Registrar tudo: é bom ter um caderno à mão, notebook, tablet, gravador ou celular a postos para escrever tudo o que precisa ser lembrado, esvaziando sua memória de curta duração e deixando espaço para as novidades. No início, pode parecer estranho, mas depois tudo se torna natural.

Descartar o máximo que conseguir: separe uns minutos do seu dia para analisar papéis. Jogue fora tudo aquilo que não precisa ser guardado e arquive somente o que for importante. Use a regra dos dez segundos: olhe um documento, dado, informação e, se demorar mais de dez segundos para ver se é imprescindível ou não, descarte imediatamente.

Dedicar um tempo à organização: se todos os dias você reservar quinze minutos para a organização, nunca terá nada fora do lugar, mantendo sempre a ordem dentro de casa ou na sua mesa de trabalho. Isso pode incluir lavar a louça da pia, recolher as roupas do varal, limpar o escaninho ou arrumar as gavetas.

Pausar para o almoço: almoçar é repor as energias e relaxar entre um período de trabalho e outro, espairecendo a cabeça para voltar com mais gás e realizar outras tarefas.

Não se sobrecarregar: é importante que sua agenda tenha espaços vazios e seu dia a dia não se torne desgastante. Para isso, saber dizer "não" para tudo que precisa é imprescindível! Quando você se sobrecarrega, tornando-se uma pessoa multitarefa, cai na armadilha do pensamento de esticar.

Dormir bem: se você consegue se organizar, sua mente fica livre para momentos de lazer e para desfrutar de uma ótima noite de sono, pois sabe que tudo está no seu devido lugar.

Ter pessoas organizadas ao seu redor: eu já vi inúmeras pessoas em posição de poder que não eram muito organizadas, mas que tinham por perto pessoas que eram. Permita-se estar com pessoas organizadas, que possam organizar as coisas para você.

Organização digital

Não basta ter sua casa e um espaço de trabalho arrumados; seus arquivos virtuais também precisam estar em ordem de maneira funcional, e não espalhados no computador de forma aleatória. Isso evita desperdício de tempo, pois agiliza sua rotina. Tudo o que você precisa é ter consciência de seu tempo, saber planejar e perceber as próprias demandas e seus objetivos.

Comece a limpeza da sua vida digital conferindo em seu smartphone se você realmente usa todos os aplicativos instalados e se convém deletar alguns. Também dê uma olhada na galeria de fotos e apague imagens para obter mais espaço. Repita essa limpeza no seu computador.

Por falar em computador, ligue-o e, por alguns segundos, avalie sua área de trabalho (*desktop*).

Você consegue encontrar seus arquivos com facilidade por estarem devidamente armazenados em pastas? Ou nem tem coragem de encarar a tela porque possui muitos arquivos desordenados?

Se a resposta foi "sim" para a última pergunta, separe um tempo para organizar sua área de trabalho. Isso vai fazer toda a diferença quando você estiver trabalhando e precisar de um arquivo rapidamente. Aproveite para checar também os demais diretórios do computador e ver se precisa organizar mais pastas. Você pode criar um sistema de cor, por exemplo, para facilitar a identificação das pastas, ou subpastas para divisões por assuntos/temas.

Aviso: não tenha medo de deletar o que não precisa ser arquivado. Itens desnecessários só ocupam espaço e não contribuem em nada com a sua organização. Se ainda assim ficar receoso, faça um *backup* em um HD externo, que também deve ficar organizado. Afinal, não adianta jogar tudo no HD extra e continuar com os arquivos misturados.

O tempo que você vai economizar com a sua vida digital organizada vai lhe possibilitar mais tempo para realizar outras atividades, reduzir o estresse, minimizar os riscos de perdas de arquivos e aumentar a produtividade.

▶ Dicas fundamentais de organização

- Liste os assuntos.
- Crie palavras-chave que sintetizem assuntos comuns.
- Coloque nomes nas pastas.
- Organize tudo com lógica ou em ordem alfabética.

Exemplos de títulos de pastas (macro):
- Pessoal
- Empresa X
- Rotary
- Família
- Universidade

Exemplo de subtítulos da pasta "Empresa X":
- Projeto verde
- Relações trabalhistas
- Gestão de desempenho
- Projeto somar
- Pendências (medicina do trabalho)
- Aprendizagem
- Artes e gráficos
- Palestras e powerpoints
- Sistemas

▶ Tenha sucesso com seu *backlog*

A organização é a chave para o seu sucesso profissional e pessoal, mas, às vezes, parece ser impossível dar conta de tantas pendências e atividades nas 24 horas do dia. Por isso, não adianta se sobrecarregar planejando resolver mais coisas do que você dará conta em um único dia. Se você priorizar o que for mais importante, conseguirá otimizar seu tempo e alavancar a produtividade na sua rotina.

A organização se tornará um hábito quando você passar a analisar sua lista de pendências. O que você deve analisar?
- Isso é meu ou é de outros?
- Eu *preciso* fazer ou *posso* fazer? Saia do "posso!"
- Isso é urgente e já deveria ter sido feito?
- Isso é uma urgência que pode ocorrer outras vezes?
- Isso é uma antecipação de tarefa?

Essas perguntas vão ajudá-lo a entender como deve tratar o que está caindo em sua lista de pendências, ou seu *backlog*.

> **Não permita ter listas de *backlog* não analisadas!**

O caminho até a organização é pessoal e intransferível. Cada pessoa tem seu estilo, seus métodos e suas características pessoais para escolher o que melhor se encaixa em sua vida. Encontre o seu.

7. Como ter rituais produtivos

Conquistar a produtividade é descobrir o que o motiva

Seu dia é coordenado pela rotina que você escolheu seguir, desde a hora em que se levanta da cama até o momento de ir dormir. Isso inclui todos os seus hábitos, desde os mais simples até os mais importantes, responsabilidades dentro e fora do trabalho. Mas como construir uma rotina produtiva e traçar seu caminho rumo à realização pessoal e profissional?

Primeiro, é necessário ter em mente um objetivo.

O que você quer atingir ao final?

Que ações precisam ser repetidas para você chegar ao seu objetivo?

Qual deve ser a frequência dessas ações?

Em quais dias devem ser realizadas?

Qual é o melhor horário para realizá-las?

Quais são os recursos de que você precisa para concluir suas tarefas?

Como você pensa em se automotivar para não desanimar e manter a realização das tarefas?

Rotina é padrão, constância, de maneira que, para se sustentar, você precisa enxergar o resultado final, senão perde a energia e o foco.

Exemplo:
Objetivo: aumentar o volume de vendas.
Ações: alimentar o CRM (sistema de vendas).
Frequência: todo dia.
Tempo: ao fim do dia, a partir das 17 horas.
Recursos: computador e um ambiente privado.

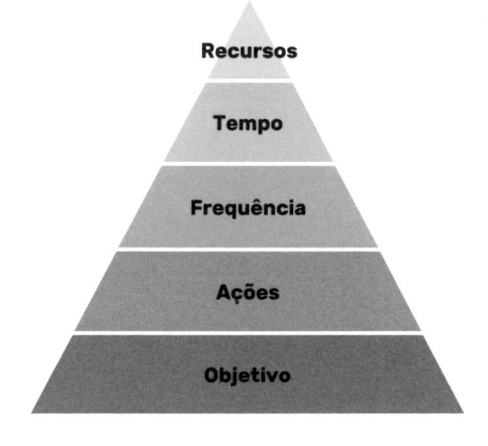

Isso é fruto de uma rotina estabelecida. Sua vida é feita de diversas rotinas bem estabelecidas.

Atividade

De quais rotinas você precisa para seus objetivos?

Objetivo - 1

_____

Objetivo - 2

_____

Rotinas

_____

_____

_____

_____

_____

_____

A força da rotina

Vamos começar entendendo o que é a rotina. Originada do francês *routine*, é a sequência dos procedimentos que envolvem os costumes habituais. Trata-se do modo como se realiza alguma coisa, sempre da mesma forma, como a sua rotina matinal e noturna, por exemplo.

O significado de rotina engloba também os itinerários que o indivíduo faz todos os dias e, no âmbito da informática, refere-se à reunião dos direcionamentos que auxiliam na execução de uma tarefa.

> **Entenda que você tem hábitos bons ou maus, mas os tem.**

Ter uma rotina eficiente é cultivar hábitos saudáveis para conseguir ser produtivo, independentemente do que você se programou para fazer. Antes de planejar sua rotina, é preciso identificar o que o motiva, qual é a força propulsora que o conduz na busca de seus objetivos. Nessa jornada, é muito importante monitorar o próprio comportamento, sua disposição e força de vontade, sendo a última característica o ingrediente fundamental para você obter sucesso na empreitada, assegurando, assim, a consistência de suas ações.

Há três elementos básicos que identificam se uma ação se transformou em hábito: o gatilho, a rotina e a recompensa.

> **GATILHO**
> **ROTINA**
> **RECOMPENSA**

▶ Pense no que ganha e no que perde

Gatilho é um dos elementos do hábito, exatamente o que a palavra significa, e ele dará início a um processo como um lembrete, um chamado. Escolher gatilhos é associar uma ação à outra, o que impulsionará a sua realização, e você só ganhará com isso.

Por exemplo, se você tem consciência de que chegar atrasado em uma reunião pode comprometer sua ascensão na empresa ou prejudicar sua remuneração e sua imagem, então você sabe que deve sair na hora certa e não vacilará.

▶ Repita, repita e repita

A **rotina** propriamente dita é tudo aquilo que você deseja que se transforme em hábito diário. Rotina vem com repetição. Se você repetir algo 21 vezes, a chance de que se mantenha executando essa ação, se existir um gatilho, é grande, e assim se torna rotina.

▶ Enxergue o benefício

A **recompensa**, o último elemento, é o que você escolhe para ser um benefício próprio por ter cumprido as tarefas com êxito. É algo particular, pessoal e de valor. Na maioria das vezes, trata-se de uma compensação do sentir, uma emoção.

Ao programar uma rotina, é essencial a atenção para excluir tudo o que não faz sentido para você, pois um hábito antigo e prejudicial pode ser difícil de ser eliminado.

Se você tem algo na rotina que é desnecessário, é mais fácil substituí-lo por outro que seja ativado pelo mesmo gatilho e que demande uma recompensa semelhante.

Um exemplo disso é o hábito do fumar, que pode ser acionado pelo seu gosto por café, e a recompensa é ter um momento de descanso. Mas, se você quiser parar de fumar – hábito bastante nocivo –, tente substituí-lo por outro hábito que não traga tantos males à saúde.

Para mudar um hábito e implantar um novo, basta seguir alguns passos que facilitam o processo:

1. Escolha uma ação fácil de ser colocada em prática.
2. Reparta seu hábito e realize-o em blocos de tempo, uma parte pela manhã e outra à noite.
3. Peça ajuda para alguém que possa fiscalizar seus hábitos.
4. Anote todo o seu progresso em um caderno ou arquivo, inclusive as atividades que você não conseguiu fazer.
5. Aja sempre com tranquilidade e paciência, mantendo um ritmo tangível e alcançável por você.

Ter uma rotina produtiva significa não procrastinar ou perder sua força de vontade. Assim, a criação de hábitos é o que contribuirá para que isso não aconteça.

Atividade

O que você deseja focar para construir uma rotina necessária para a sua vida?

_____

_____

A prejudicial mania de procrastinar

Deixar as atividades para depois, adiar, perder a determinação, não realizar. Tudo isso está dentro do conceito de procrastinar, que significa exatamente postergar os afazeres para amanhã, só que esse amanhã, na maioria dos casos, nunca chega. Mas isso não quer dizer que você não poderá nunca adiar uma tarefa, algo que, dentro de suas prioridades, poderá ser feito mais tarde. Não funciona assim. Procrastinar vai muito além disso porque a tarefa que foi adiada hoje será adiada novamente amanhã, e depois, e assim por diante.

> **A frase "toda procrastinação é um atraso, mas nem todo atraso pode ser definido como procrastinação" nunca foi tão verdadeira quando falamos de rotina.**

Uma pesquisa feita na Universidade do Colorado, nos Estados Unidos, revelou que o hábito de procrastinar está ligado a influências genéticas. Por isso, concentrar-se é fundamental para estabelecer uma rotina assertiva e não decidir deixar algo importante para depois em detrimento de um momento de lazer ou de uma atividade mais fácil de ser realizada.

Se uma ação está em sua rotina diária, é porque ela é importante para você e para o cumprimento de suas metas, que possuem finalidades e prazos a serem respeitados. Adiar algo importante pode fazer mal à sua saúde, aos seus relacionamentos e, principalmente, ao seu trabalho porque, nesse caso, não há aquela sensação de bem-estar que surge quando terminamos nossas tarefas com sucesso.

A procrastinação prejudica a qualidade e a entrega de resultados positivos, afetando diretamente sua saúde física e mental, pois, quando você adia suas atividades, as sensações de culpa e ansiedade dominam o seu cotidiano. A consequência de tudo isso é bastante prejudicial.

Vamos ver, a seguir, alguns métodos poderosos para eliminar a procrastinação.

▶ Crie uma obrigação que venha de fora

Vamos imaginar que você queira correr para se exercitar três dias por semana e, por vezes, você adia o seu propósito. Certa vez, um conhecido resolveu o problema contratando um personal, que passava em sua casa e, assim, ele se sentia obrigado a ir. Com o tempo, criou-se o hábito.

Uma amiga, executiva, tinha o hábito de arrumar sua mala de viagem sempre em cima da hora. Ela resolveu isso quando pediu ao marido e às filhas que cobrassem dela a mala feita um dia antes. Dito e feito, hábito introjetado.

Um estagiário percebeu que entregava seu relatório sempre na última hora. Ele sabia que isso vinha de sua procrastinação. Conversou com seu supervisor e pediu ajuda. O supervisor passou a cobrar a entrega 48 horas antes do prazo final. Assim, ele conseguiu se organizar no tempo.

▶ Realize agora: antes de pensar em não fazer, levante-se e faça!

Tenho um amigo que, volta e meia, não ia à academia se exercitar. Os exercícios são importantes para ele porque tem diabetes. Uma forma que encontrou para que, ele mesmo, se superasse foi "não dar chance aos argumentos mentais". Antes, ele pensava: "Ah, hoje não, amanhã eu vou", "trabalhei muito", "estou cansado", "hoje tem jogo...", e assim ele se sabotava. Agora, quando ele chega a casa, vai direto para o guarda-roupa, troca de roupa e sai sem parar em nenhum lugar da casa. Essa medida radical fez com que passasse por cima dos pensamentos procrastinadores. E deu certo. Ele conseguiu criar o hábito.

Para evitar esse adiamento, saia da cama assim que o despertador tocar, sem enrolação, disposto e com força de vontade para ter um dia muito produtivo. Faça uma coisa de cada vez, evite distrações e diminua seu grau de perfeccionismo para assim finalizar processos. Crie uma lista organizada de prioridades, anote o que precisa ser feito com urgência e o que pode ficar para mais tarde, e se policie para acrescentar novas tarefas somente quando as que previamente existem já tiverem sido executadas. Tente desmembrar as atividades em pequenas metas para que sejam realizadas com mais facilidade, dando pequenos passos de cada vez.

▶ Tenha a rotina como sua aliada

A máxima do filósofo Aristóteles, dita tempos atrás, mostra-se muito atual na criação de uma rotina:

Nós somos aquilo que repetidamente fazemos.

Fazer é o oposto de procrastinar, e exige determinação constante. Em alguns momentos, você vai desanimar, isso é comum entre os seres humanos, mas não deixe que o cansaço modifique o seu foco ou o faça desistir, pois terminar algo é uma tarefa árdua, porém extremamente gratificante.

Com força de vontade, e sabendo aonde quer chegar, sua rotina vai aos poucos tomando forma e o seu futuro passa a depender apenas de você, estando em suas mãos, porque você está fazendo as escolhas certas e assumindo todas as responsabilidades.

Prever as tarefas, a prioridade e o tempo necessário para completá-las transformará uma simples rotina em sua maior aliada, propiciando o bom andamento das atividades e sendo a chave para o seu sucesso.

Tarefas chatas! O que fazer com elas?

A vida não significa apenas fazer o que gostamos. Regular dever e prazer é uma ação crítica de uma pessoa madura. Crianças não gostam de obrigações e temos muitos adultos-crianças no mundo de hoje e no mundo corporativo.

Quando você encontrar uma tarefa chata, siga uma das duas sugestões seguintes, muito eficientes para resolvê-la.

1. Faça-a imediatamente. Ao fazer sem pensar, você não procrastina. Simples e fácil, não é? Mas funciona! Experimente.

2. Separe-a em fatias e vá fazendo por etapas. Muitas vezes, quando fazemos aos poucos, costumamos nos entusiasmar ou nos energizar para concluir algo enfadonho.

O investidor Warren Buffet, um dos homens mais bem-sucedidos do mundo, está acostumado a contrariar a sabedoria geral por meio da adoção de comportamentos simples, e priorizar é um deles. Por isso, Warren identificou cinco passos imprescindíveis para você prezar por seu sucesso, saindo do ponto de partida sabendo o que quer, aonde deseja chegar e o que fazer para alcançar o destino final. São eles:

- ✓ Liste suas 25 metas principais – Nesse primeiro passo, você só precisa se preocupar em anotar o que planeja fazer nos próximos anos, sem restrições, obedecendo aos desejos e sonhos que sempre almejou.
- ✓ Reflita sobre as cinco primeiras ações – As tarefas mais difíceis normalmente são as mais importantes e, ao comparar as cinco principais, você acaba fazendo uma análise individual de cada uma.
- ✓ Faça planos para as primeiras tarefas – Identifique o que precisa ser feito para que essas atividades sejam cumpridas prioritariamente, o que definirá seu plano semanal e o monitoramento das atividades.
- ✓ Combine as prioridades – Você definiu as metas e traçou planos, então o momento é propício para executar as cinco principais tarefas, deixando as outras vinte

em *stand-by*. Warren chamou essa lista prioritária de A e a outra de lista de B, que deverá ser evitada a qualquer custo até que você cumpra as que colocou estrategicamente na lista A, por terem se transformado em distrações a partir do momento em que você não deu prioridade a elas.
✓ Conheça bem sua lista B – Tenha consciência de que essa grande lista só irá desviar você dos seus objetivos se der importância a todos os itens, pois, quando listamos 25 prioridades, na verdade, não temos nenhuma bem definida e, se não tivermos consciência de que ela nos tira o foco, será difícil permitir que grandes conquistas aconteçam.

Os ensinamentos de Warren Buffet nos levam a enxergar que simplificar nossa rotina, priorizando o que realmente importa, nos fará eliminar o que é desnecessário e, mesmo que forçadamente, iremos focar o essencial.

Preceitos básicos de uma rotina

Não importa se você tem uma rotina convencional ou não; o que a torna produtiva é saber adaptá-la às suas necessidades. Se você acorda mais cedo ou um pouco mais tarde do habitual, pode criar uma rotina para quando se levantar, independentemente da hora. Fazer um checklist periódico de tudo o que precisa ser feito vai contribuir para sua automotivação por mostrar que está realizando um trabalho bem-feito em prol de si mesmo.

Rotina permite saber o que precisa ser feito em cada situação, em uma sequência predeterminada por você, sempre. Isso garantirá que tudo seja realizado efetivamente, com segurança e disposição, mas sem se esquecer de que todo cronograma pode – e deve – ser flexível e adaptável a mudanças repentinas.

De acordo com Greg Mckeow, consultor e especialista em liderança e estratégia, o essencial é a solução para controlar todas as suas escolhas, identificando as tarefas que importam de verdade na sua vida e seguindo sempre o preceito "fazer menos para fazer melhor". Ele mostrou que é possível fazer sempre as coisas certas, sucessivamente, para o indivíduo se tornar mais produtivo e bem-sucedido no trabalho, gerando mais tempo para a vida pessoal. Fazer isso é rejeitar as tarefas supérfluas e que nos distraem, eliminando obstáculos ao sucesso em casa e na esfera profissional.

Para construir uma rotina produtiva, tenha como filosofia de vida e de carreira que fazer menos nos leva a resultados muito melhores, agregando valor ao planejamento por sabermos o que é essencial, além de nos empoderar da capacidade de saber fazer as escolhas certas.

Assim, mapeie tudo que for essencial por meio de questionamentos.

- Quais são as reuniões essenciais?
- Quais são as atividades que devo repetir? Com qual frequência?

- Quais são os melhores horários para atividades frequentes?
- Qual é o melhor horário para dormir e acordar?
- Qual é o melhor horário para me alimentar?
- Qual é a frequência com que desejo estar com as pessoas que são importantes para mim?

> **Tudo se resume em saber a que destinar as 168 horas da semana.**

Analise como está sua vida pela árvore da vida

Onde você tem uma frequência/rotina satisfatória?
- Alimentação
- Sono
- Exercícios
- Trabalho
- Equipe
- Família
- Amigos
- Estudos
- Espírito/mente

Produtividade na prática

- Alimentação
- Sono
- Exercícios
- Trabalho
- Equipe
- Família
- Amigos
- Estudos
- Espírito/Mente

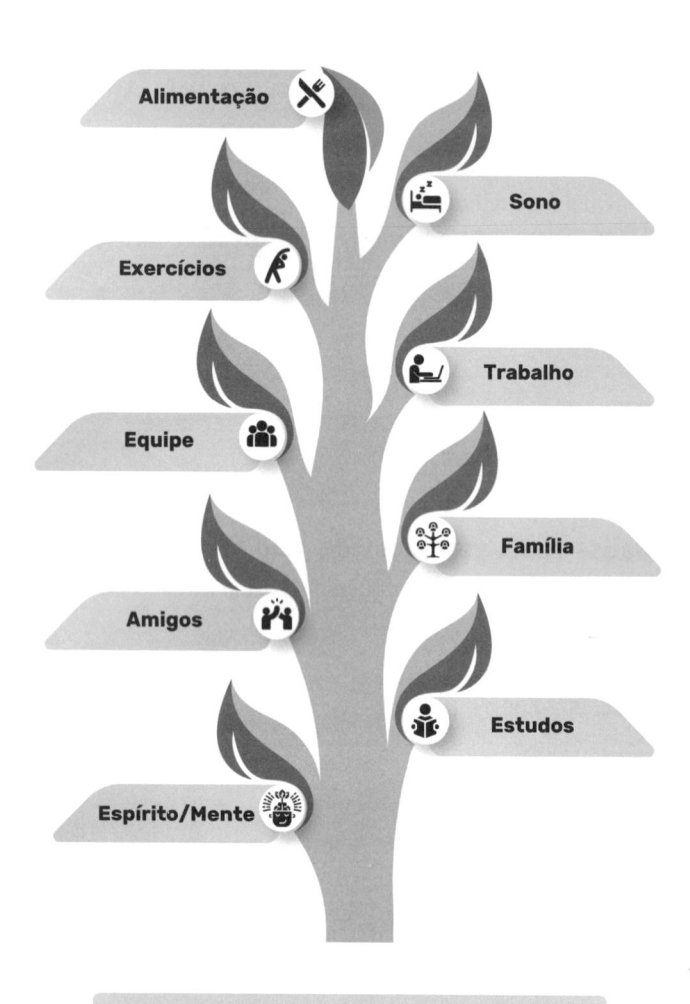

Lembre-se de simplificar as rotinas e executá-las com total entrega.

8. Senso de apropriação

Tudo na vida envolve o senso de apropriação que cada um tem dela. Apropriar-se significa você assumir que seu corpo é seu, as decisões e as atitudes são suas. Há muitas pessoas que não amadurecem e preferem que outros ou a vida decida por elas.

Esse padrão de comportamento trará o pior aspecto reativo de um ser humano: ficar esperando para agir. Viver sempre dessa forma coloca, por vezes, as pessoas como vítimas ou seres passivos na vida.

A baixa produtividade dessas pessoas vem exatamente por sua falta de coragem de assumir as rédeas da própria vida e consequências de suas ações.

O primeiro passo para não cairmos nessa armadilha é reconhecer que quem controla e decide a nossa vida somos nós. Agir ou não agir é uma escolha. Cada decisão envolve formas de pensar e há processos que podem ser usados e que colocam a mente em estado de maximização ou otimização dos fatores externos importantes para aquela pessoa.

Quando pensamos em fazer ou realizar algo, decisões precisarão ser tomadas e, para isso, é necessário saber que critérios, modelos mentais e perguntas podemos fazer para otimizar ações que nos levarão a tal realização. Você se colocou onde está e se mantém. Então, por que não dar o seu melhor e se assumir como dono do próprio destino?

Métodos para reeducar a mente e as atitudes para apropriação

▶ Reafirme os seus objetivos

O que você faz e quer construir neste mundo? Qual é o propósito da sua vida, da profissão que escolheu, de cada coisa com a qual se envolve? Tudo tem um propósito. Conhecer muito claramente o que deseja alcançar ajuda a clarear o caminho até o que você busca. Quando você está consciente de quanto seu objetivo é importante, ele se torna mais forte do que o medo, a resistência e as dúvidas que você possa vir a ter. Por exemplo, todos os anos, em dezembro, faço a lista de objetivos a serem alcançados no ano seguinte. Há mais de trinta anos atinjo 90% do que escrevo. Ao longo do ano, revisito e vou cortando os objetivos definidos. Faça seus objetivos anuais.

▶ Construa afirmações capacitadoras

É também importante ter frases motivadoras que nos façam direcionar nossa atenção ao que realmente importa para quando os pensamentos de desânimo surgirem. Por exemplo:

"Sou mais forte do que penso".
"Preciso focar o meu esforço".
"Um passo de cada vez e sem parar".
"Eu posso depender de mim".
"Vou cumprir o combinado".
"Eu tenho grandeza e valores internos".

Muita gente tem vergonha e acha uma bobagem fazer afirmações internas positivas. Essas pessoas só se esquecem de que nossa mente não para. Quem não determina os pensamentos será determinado por eles.

> **Não tenha vergonha de dizer para você mesmo palavras poderosas.**

▶ **Afaste pensamentos e pessoas negativas e dramáticas**

Em certas situações, principalmente sob altos níveis de estresse e cansaço, a negatividade aparece, e com ela a vontade de desistir do caminho que escolhemos seguir.

As dúvidas e os medos nos fazem enxergar as coisas piores do que elas realmente são, pois estão fundamentadas na ilusão do medo extremo.

Nessas situações, procure reconhecer quando seus pensamentos estão fora de controle e traga-os de volta à realidade. Lembre-se de que, apesar da importância do planejamento, você deve viver um dia de cada vez, sem sofrer pelos problemas futuros que porventura possam aparecer. Mantenha sua atenção ocupada apenas com o que está acontecendo e que seja possível de ser resolvido no momento.

Aos poucos, essas pequenas atitudes se tornarão hábitos e você logo notará a diferença na sua vida.

Permita-se afastar-se de gente negativa. Só quando você fica longe é que percebe quanto a energia do outro consumia a sua.

O poder do fracasso

Fracassos são oportunidades de aprendizado. O insucesso pode acontecer por vários motivos, talvez o nosso empenho tenha sido insuficiente ou tenhamos criado expectativas irreais. No entanto, essas são excelentes ocasiões para revermos o que não saiu como desejado, sem nos determos mais do que o necessário no problema e partir para novas medidas que podem ser tomadas para contornar o insucesso.

Temer o fracasso nos impede de realizar nosso projeto de vida. Ele traz uma lição de persistência e recomeço, sempre buscando o objetivo maior, deixando de olhar para o obstáculo que já ficou para trás e fixando nosso foco na meta real.

Às vezes, os fracassos nos despertam novas potencialidades, possibilidades, oportunidades e, até mesmo, forças que nem mesmo sabíamos possuir.

O fator autodisciplina

Muitas pessoas têm objetivos claros, mas se desviam deles. A vida é lotada de desvios e distrações. Aqueles que não se desviam simplesmente atingem a meta e, para eles, isso foi a coisa mais óbvia do mundo.

É fundamental você não ceder aos impulsos e resistir aos obstáculos. Eles aparecerão, mas cabe a você saber dizer não. Caso não consiga resistir a algum empecilho, não desista e seja mais forte da próxima vez. Disciplina depende de trabalho árduo e diário, e se constrói de dificuldade em dificuldade. Porém entenda que a força de vontade anda junto com a força de falta de vontade. Quando você não faz o que precisava ser feito, fortalece a falta de vontade. Por isso, a sensibilidade para com seus estímulos é fundamental porque irá ajudá-lo a simplesmente dar "outro comando" interno e mudar tudo.

Autodisciplina é a melhor aliada da força de vontade, dotando-a de resistência para persistir em qualquer coisa que você faça.

Trata-se da capacidade de suportar privações e dificuldades físicas, emocionais e mentais. Quando acontece de você rejeitar a satisfação imediata, com o objetivo de escolher algo melhor, mas que exigirá tempo e esforço, é a autodisciplina que está em ação.

Para a psicologia, esse é um componente primordial para a inteligência emocional, ou seja, a capacidade de adiar a recompensa.

Desenvolver a disciplina e a força de vontade nos leva a conhecer nossos impulsos subconscientes, tornando-nos capazes de rejeitá-los quando eles não são bons para nós ou para os objetivos que pretendemos alcançar. Todos temos impulsos inconscientes ou parcialmente conscientes, que nos levam a atitudes de que podemos nos arrepender mais tarde. Muitas vezes, falamos ou agimos sem pensar antes.

Crianças não sabem esperar; adultos sabem. É hora de você colocar a criança de lado, pois, quando aprende a autodisciplina, está aprendendo a ser adulto. Por exemplo:

A nossa criança está no controle de nossa vida quando sabemos que fazer um passeio nos fará bem, mas estamos com preguiça e preferimos ficar diante da TV, ou quando sabemos que precisamos mudar os hábitos alimentares por uma melhor qualidade de vida, e, no entanto, não fazemos nada de efetivo para atingir esse objetivo.

Quando passamos por experiências de iniciar algo e não ir até o fim, costumamos pensar "eu gostaria de ter força de vontade e autodisciplina".

A autodisciplina é capaz de promover a força interior, o autodomínio e a determinação. Ela nos ajuda a escolher quais serão nossos comportamentos e nossas reações diante de determinadas dificuldades. Sem esse autocontrole, somos governados pelos acontecimentos.

Atividade

De 0 a 10, quanto você é governado pelos acontecimentos?

_____

A autodisciplina nos faz poderosos, responsáveis e satisfeitos. Além disso, traz a consciência de que estamos no comando.

Uma maneira de reconhecer quais desafios são fáceis e quais parecem impossíveis para você é responder a algumas perguntas listadas na sequência.

- Você tem dificuldade para acordar no seu horário ideal?
- Você tem problemas com seu peso ou de saúde, como colesterol, diabetes etc.?
- Você tem vícios dos quais não gosta (café, cigarro, álcool etc.)?
- Sua casa e seu escritório são limpos e bem arrumados?
- Suas finanças estão em ordem?
- Quando você promete algo a alguém, costuma cumprir?
- Quando promete algo a você mesmo, costuma cumprir?
- Com que frequência você realiza atividades físicas?
- Você seria capaz de fazer jejum por um dia inteiro?
- Quanto tempo, em média, você leva para cumprir os itens da sua lista de "pendências"?
- Você sabe o que vai fazer amanhã? E no próximo fim de semana?

Atividade

De 0 a 10, que nota você daria para sua autodisciplina atualmente?

_____

A chave para você desenvolver a autodisciplina é não usar a força de vontade em tudo. Ela cansa! Aprenda no que você deve se concentrar.

O que podemos fazer para desenvolver uma alta energia que eleve a nossa produtividade?

Pessoas com alta energia produzem mais. Há ainda algumas recomendações que vão de alguma forma fazer de você uma pessoa melhor onde quer que esteja.

Pratique a gentileza: sempre que estiver em algum local muito cheio, ceda seu lugar a alguém que precise dele mais do que você. Além de demonstrar educação, essa atitude desperta certo incômodo, fazendo com que você treine sua capacidade de superar a resistência do próprio corpo, de sua mente e dos seus sentimentos. Ao ser gentil, sua energia se eleva. Observe.

Supere a preguiça: se existe louça para ser lavada, ou se chegou a casa cansado e prefere assistir à TV a tomar banho, não fique adiando. Fazer as coisas na hora em que elas têm que ser feitas desenvolve sua consciência sobre sua força interior e de quanto ela é importante nas realizações de sua vida – apesar da preguiça, da relutância ou da resistência interna sem sentido.

Use os nano-hábitos para se exercitar: muitas vezes você percebe que seu corpo precisa de exercícios, mas prefere continuar sentado assistindo a um filme. Levante-se e mexa-se por dez minutos. É melhor dez minutos que nada. Um por cento todo dia representa cem por cento em cem dias. Adote os pequenos hábitos.

Resista às pequenas tentações: desafie-se a passar um tempo sem comer ou beber algo que você costuma ingerir diariamente, como café ou chá. Essa atitude serve para treinar sua determinação.

Controle seus impulsos também ao falar: se não está certo de que deve falar algo que poderá magoar alguém ou que não seja suficientemente importante, é melhor não dizer nada.

Evite as coisas sem importância: proponha-se a ficar algum tempo sem ler notícias sensacionalistas, desnecessárias ou negativas. Simplesmente, não dê atenção a elas e pense sobre a inutilidade delas.

À guisa de fechamento

Viver em alta produtividade é dar um sentido maior à própria vida. É entender que todos nós estamos aqui para servir e, com isso, recebemos nossos bônus financeiros, sociais e emocionais. Tudo envolve o processso de dar e receber.

> **Quando você dá o seu melhor, tende a receber o melhor do mundo.**

OUTROS LIVROS DO AUTOR

Adquira pelo site da editora, www.editoramerope.com.br ou pela Amazon, www.amazon.com.br

Louis Burlamaqui, com seu time de consultores e facilitadores, conduzem workshops e seminários sobre produtividade. Por meio de jogos, dinâmicas e atividades práticas, reforçam novas habilidades e facilitam o aprimoramento da performance individual e coletiva.

Mais de 2 mil pessoas, em mais de 300 empresas no Brasil, já passaram por seus workshops de produtividade.

Para saber mais sobre palestras, seminários e treinamentos, contate:
atendimento@jazzer.com.br

Para saber mais sobre as empresas do autor e outros serviços oferecidos:
www.louisburlamaqui.com.br
www.jazzer.com.br
www.taigeta.com.br

TIPOLOGIA: Lora [texto]
Rubik [entretítulos]
PAPEL: Off-white 80g/m² [miolo]
Cartão 250 g/m² [capa]
IMPRESSÃO: Formato Artes Gráficas [janeiro de 2024]